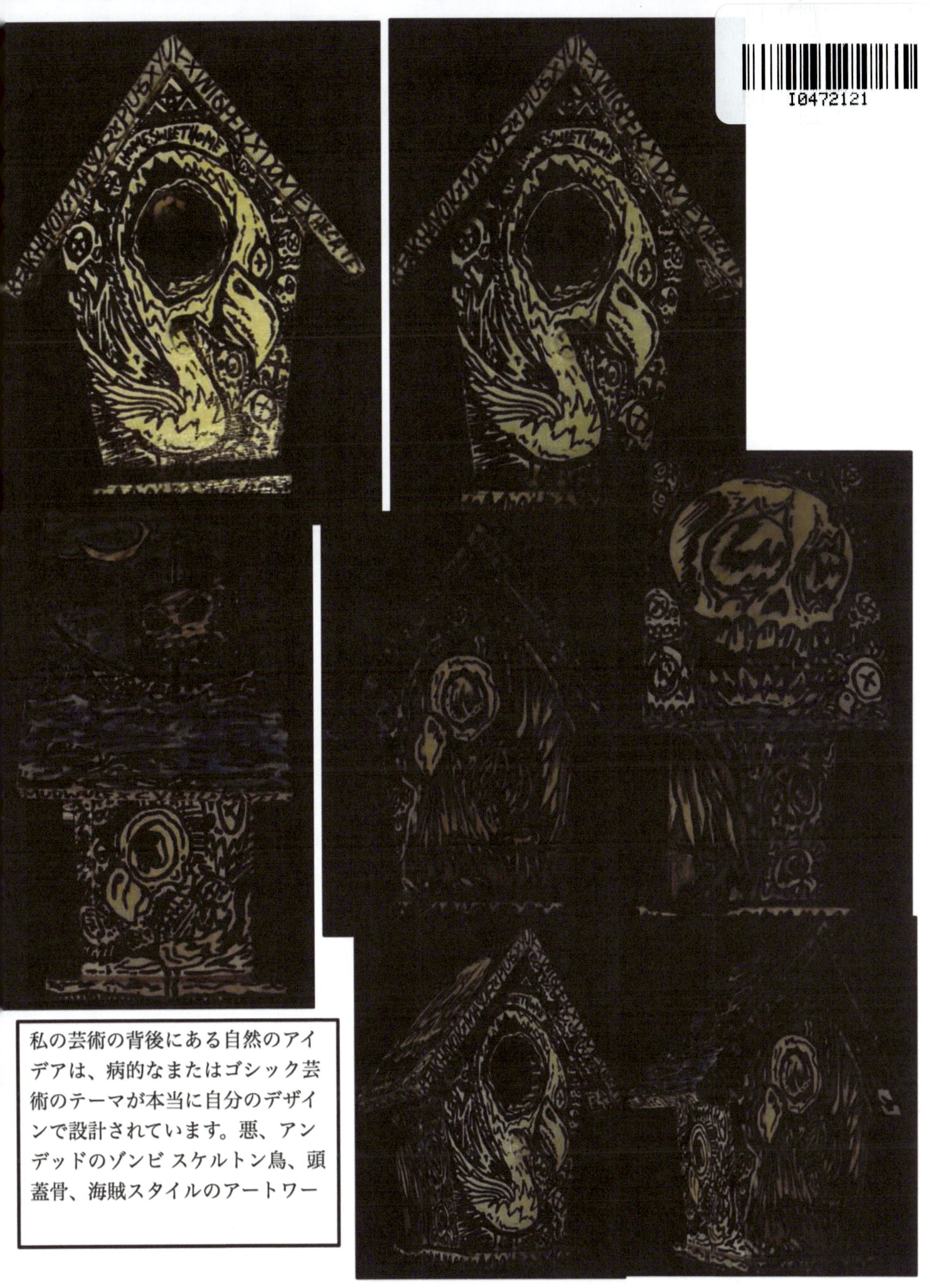

私の芸術の背後にある自然のアイデアは、病的なまたはゴシック芸術のテーマが本当に自分のデザインで設計されています。悪、アンデッドのゾンビ スケルトン鳥、頭蓋骨、海賊スタイルのアートワー

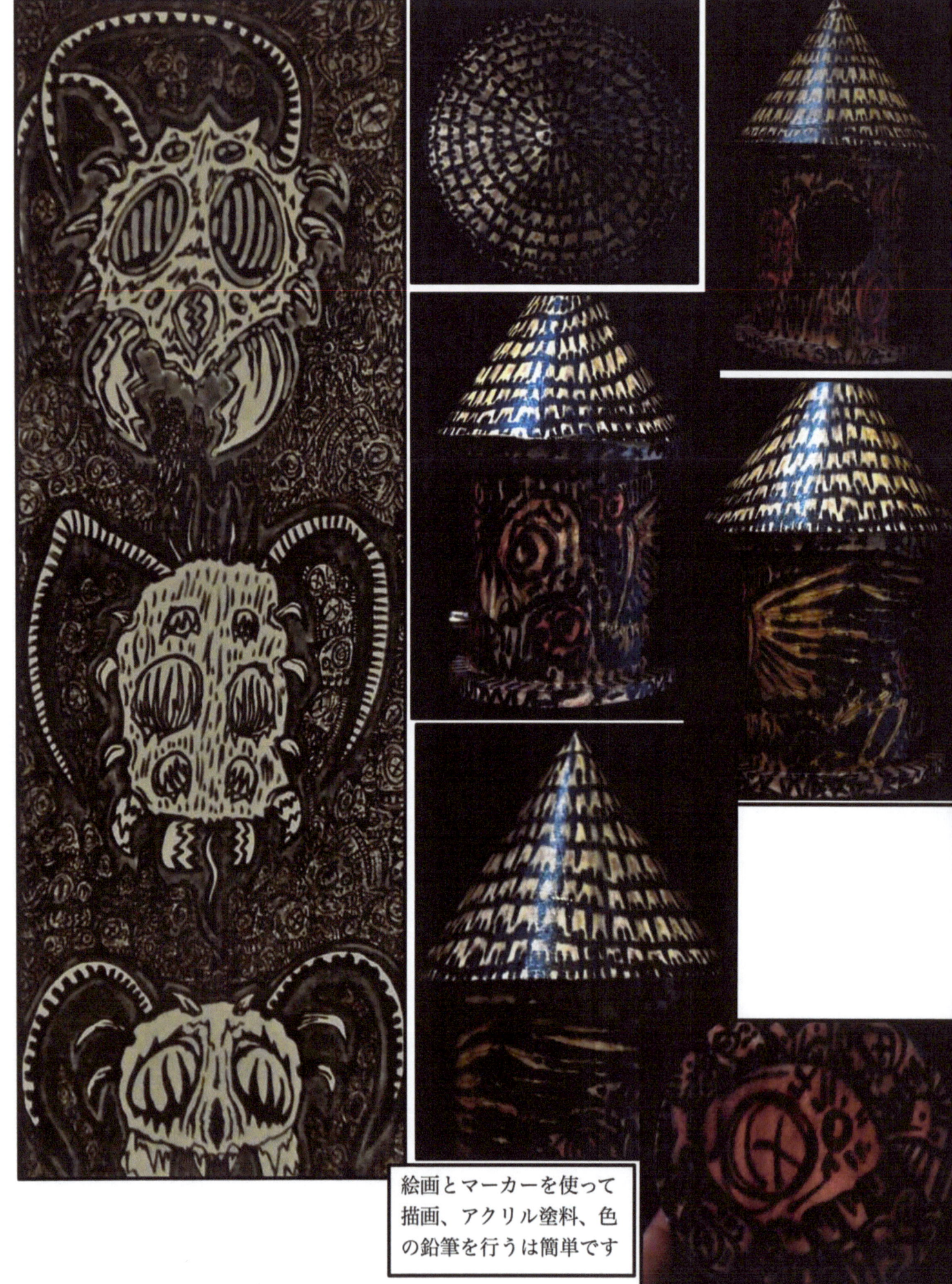

絵画とマーカーを使って
描画、アクリル塗料、色
の鉛筆を行うは簡単です

インセクトイド マーカー

都心モンスター ポスター アート

トラビス・マイケル・バーンズ鉛筆画 2012

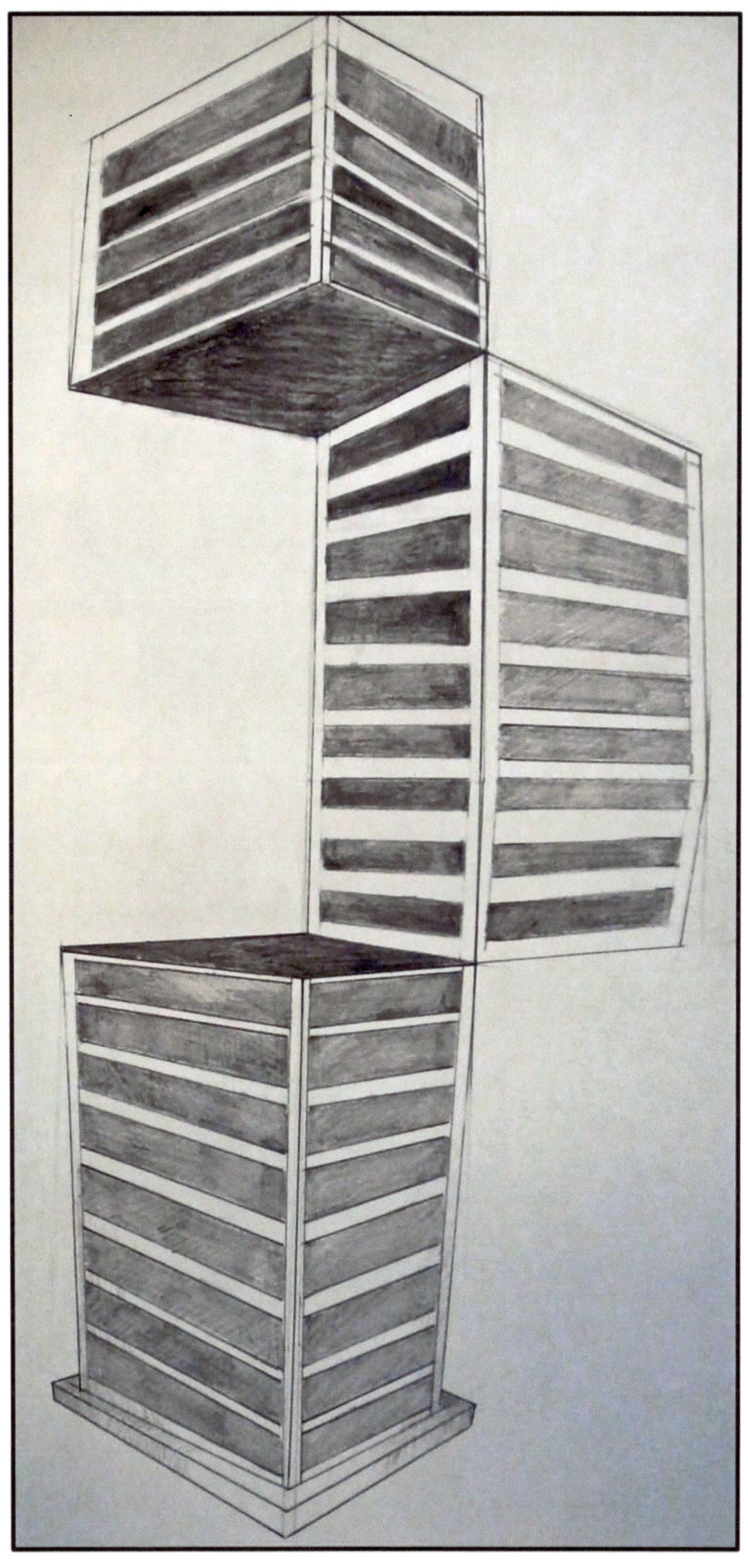

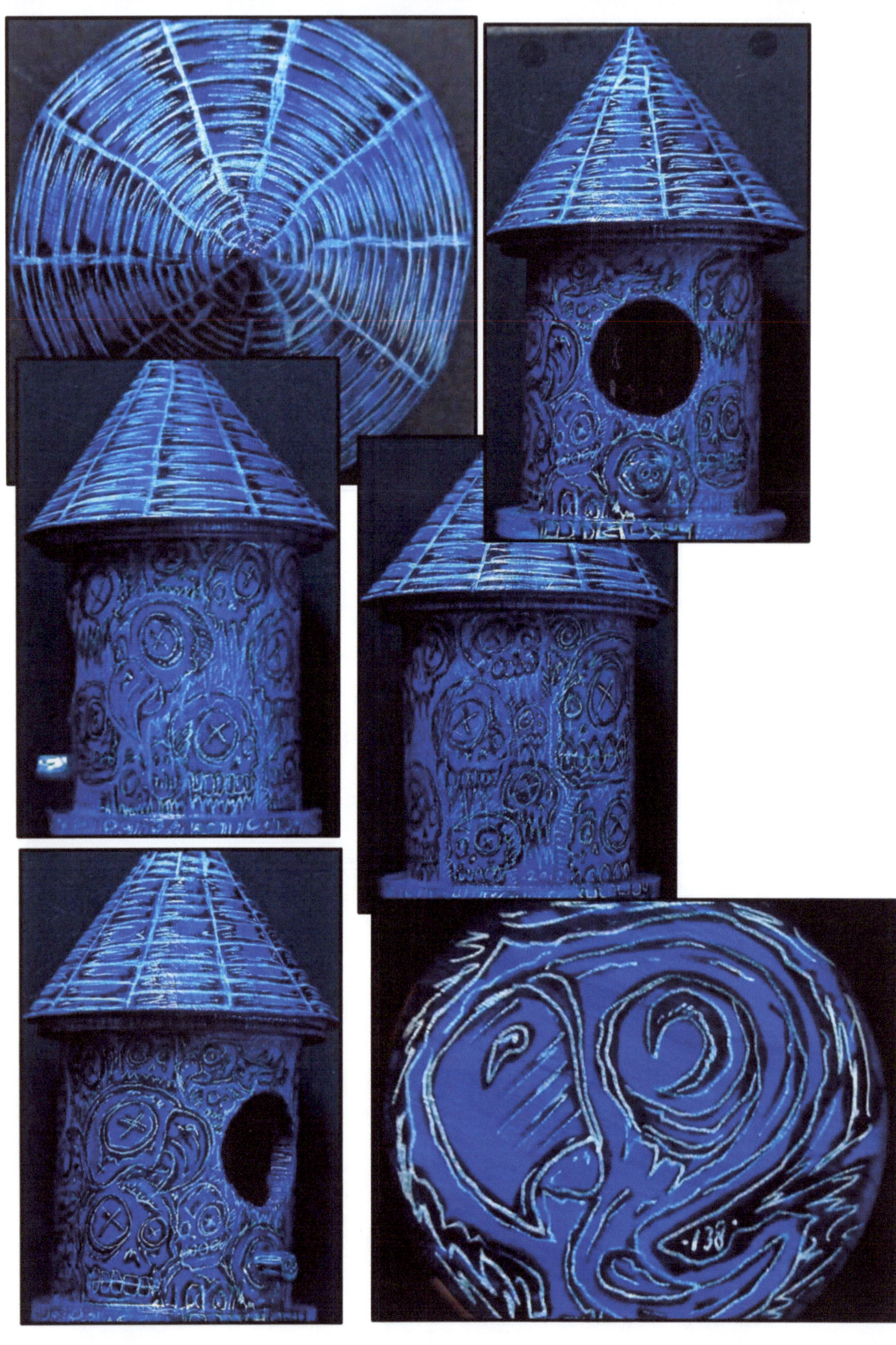

トラビス・マイケル・バーンズ写真

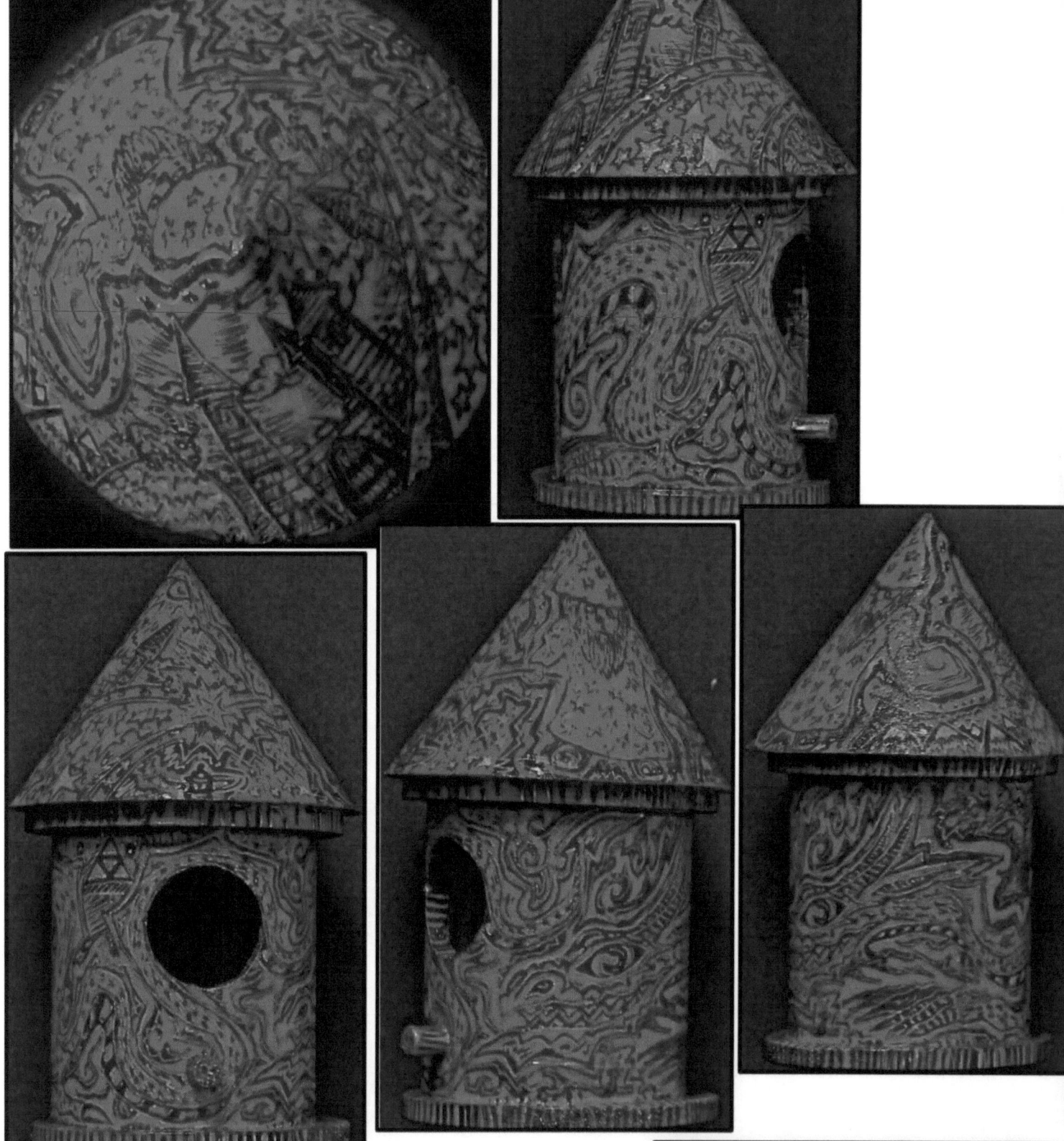

巣箱トラヴィスでマイケル・バーンズ

トラビス・マイケル・バーンズ死者のエジ

Sammie のジェームス・ディーン ジュエリー ボックス

Sammieの蜂マルハナバチ巣箱

ミニ巣箱＆海賊ブラックボックス

アリス不思議土地ジュエリーボックスによってサミー

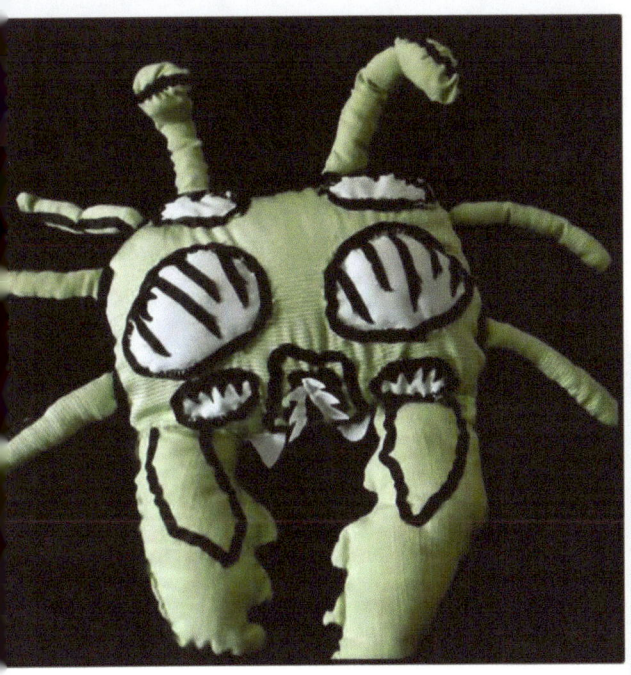

インセクトイドぬいぐるみ

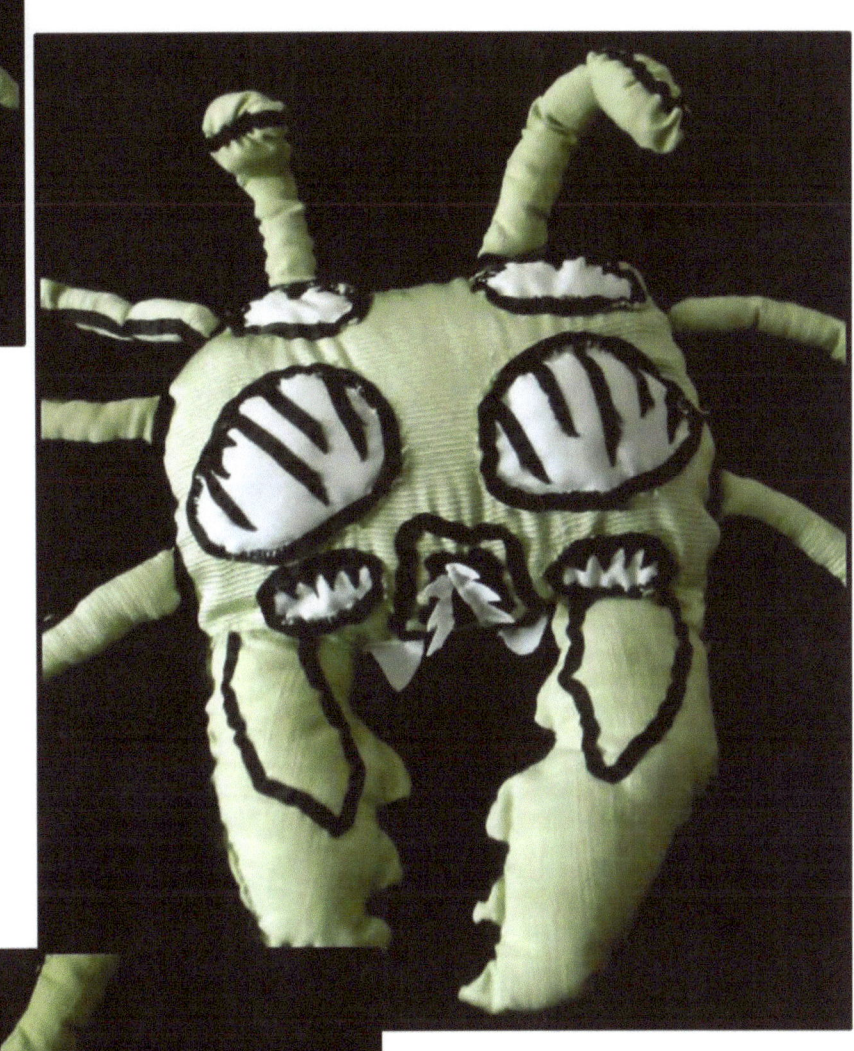

www.ingramcontent.com/pod-product-compliance
Lightning Source LLC
Chambersburg PA
CBHW041307180526
45172CB00003B/1001